AF201166

Impressum
Verlag: BABADADA GmbH, Nedderfeld 112 , 22529 Hamburg
Geschäftsführer / Verlagsleitung: Harald Hof
Druck: Books on Demand GmbH, In de Tarpen 42, 22848 Norderstedt

Imprint
Publisher: BABADADA GmbH, Nedderfeld 112 , 22529 Hamburg, Germany
Managing Director / Publishing direction: Harald Hof
Print: Books on Demand GmbH, In de Tarpen 42, 22848 Norderstedt, Germany

sekolah
škola

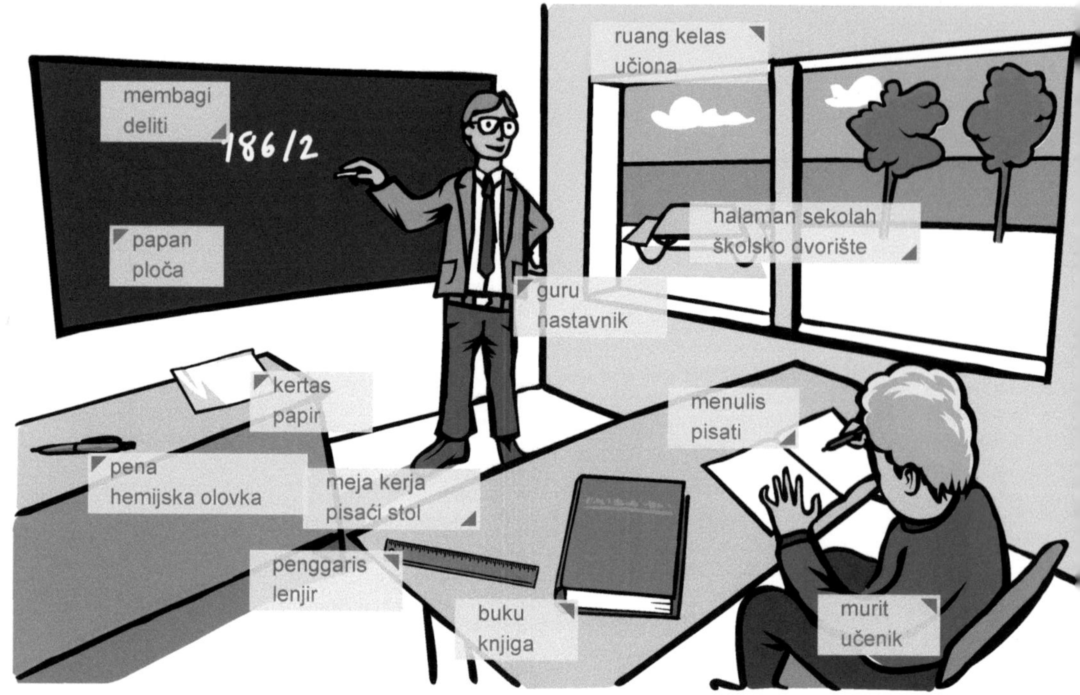
ruang kelas
učiona
membagi
deliti
186/2
papan
ploča
halaman sekolah
školsko dvorište
guru
nastavnik
kertas
papir
menulis
pisati
pena
hemijska olovka
meja kerja
pisaći stol
penggaris
lenjir
buku
knjiga
murit
učenik

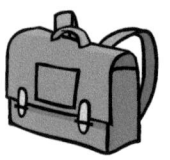

tas sekolah

torba

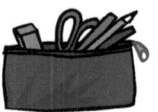

tempat pensil

pernica

pensil

grafitna olovka

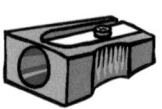

pengasah pensil

šiljilo za olovke

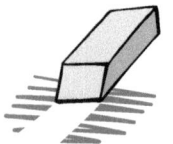

penghapus

gumica za brisanje

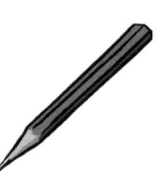

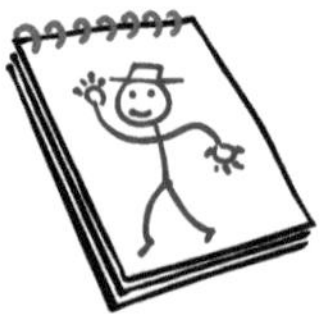

kertas gambar

blok za crtanje

gambar

crtež

kuas

kist

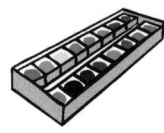

kotak cat

kutija sa bojama

gunting

makaze

lem

lepilo

buku latihan

beležnica

pekerjaan rumah

domaći zadatak

angka

broj

tambhakan

sabirati

mengurangi

oduzimati

mengalikan

množiti

menghitung

računati

huruf

slovo

alfabet

abeceda

hello

kata

reč

teks

tekst

membaca

čitati

kapur

kreda

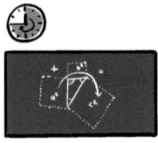

pelajaran

čas

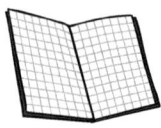

daftar

dnevnik

ujian

ispit

sertifikat

svedočanstvo

seragam sekolah

školska uniforma

pendidikan

obrazovanje

ensiklopedi

leksikon

universitas

univerzitet

mikroskop

mikroskop

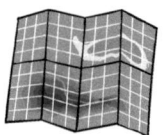

peta

karta

tempat sampah

košara za papir

perjalanan
putovanje

hotel
hotel
Grand
hostel
prenoćište
ROOMS
CHANGE
kantor pertukaran mata uang
menjačnica
koper
kofer
mobil
auto

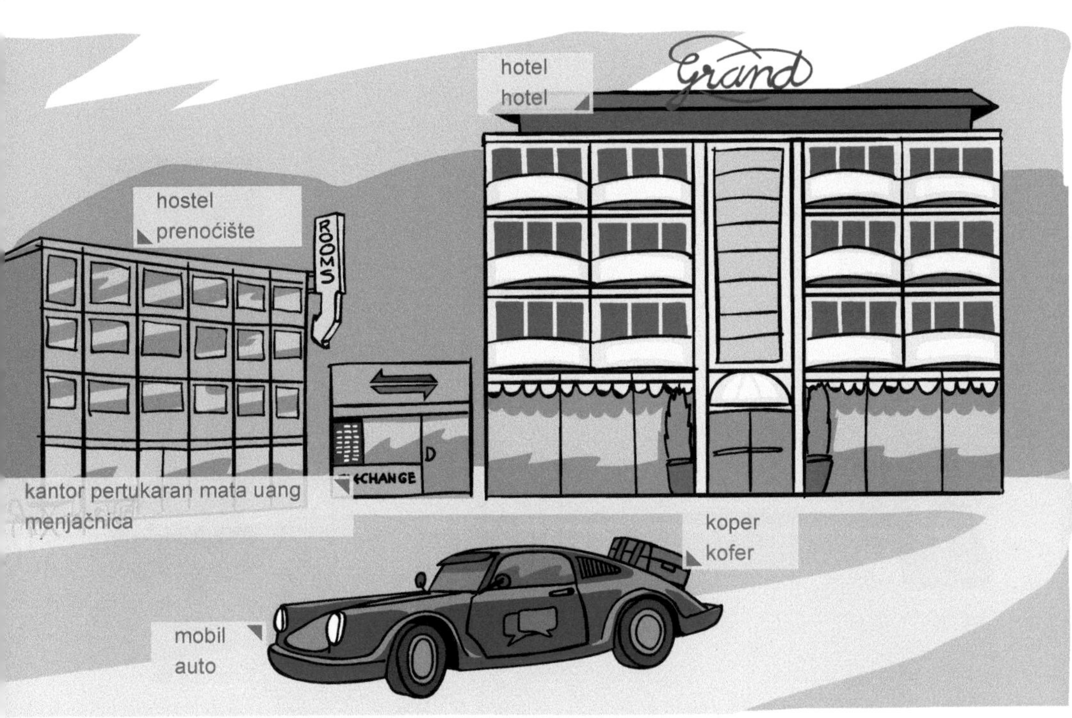

bahasa

jezik

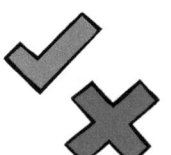

ya / tidak

da / ne

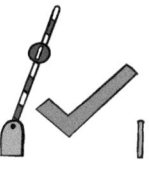

okay

okej

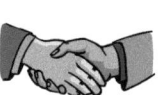

hallo

zdravo

penerjemah

prevodilac

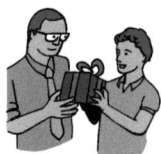

terima kasih

hvala

Berapa harganya...?

Koliko košta...?

saya tidak mengerti

ne razumem

masalah

problem

Selamat malam!

dobro veče!

Selamat siang!

Dobro jutro!

Selamat tidur!

Laku noć!

sampai jumpa

doviđenja

arah

smer

bagasi

prtljaga

tas

torba

ransel

ruksak

tamu

gost

ruang

soba

kantong tidur

vreća za spavanje

tenda

šator

informasi wisata

turističke informacije

pantai

plaža

kartu kredit

kreditna kartica

sarapan

doručak

makan siang

ručak

makan malam

večera

tiket

karta za vožnju

elevator

lift

perangko

poštanska markica

perbatasan

granica

cukai

carina

kedutaan

ambasada

visa

viza

paspor

pasoš

transportasi
transport

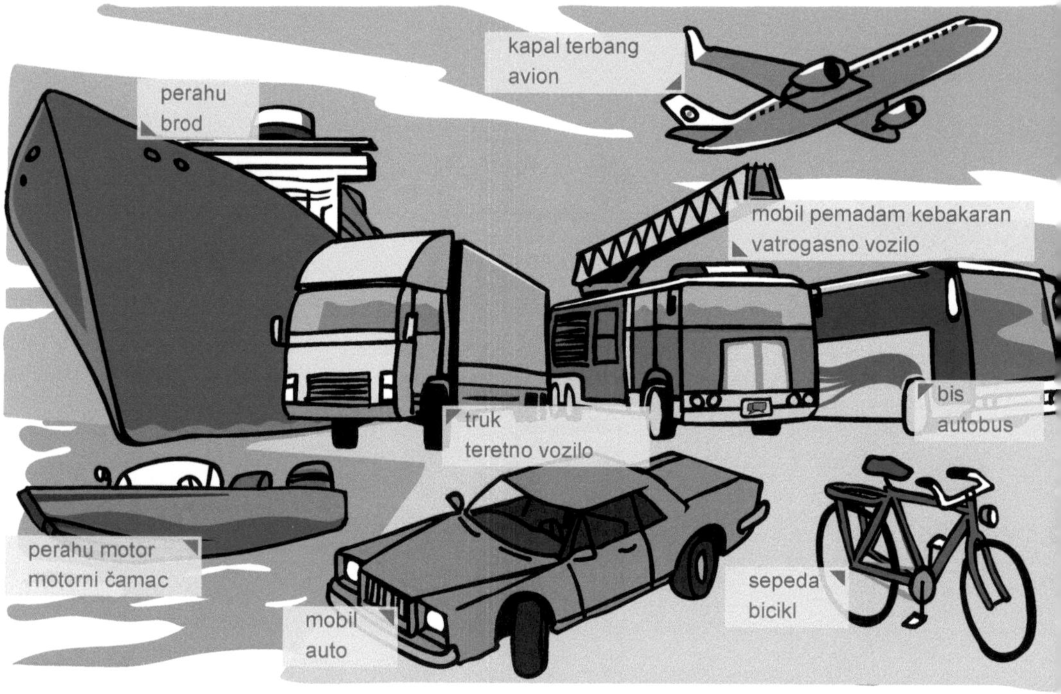

kapal terbang
avion
perahu
brod
mobil pemadam kebakaran
vatrogasno vozilo
bis
autobus
truk
teretno vozilo
perahu motor
motorni čamac
sepeda
bicikl
mobil
auto

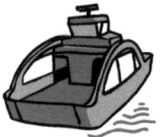

feri

trajekt

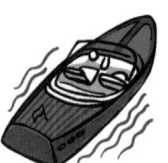

perahu

čamac

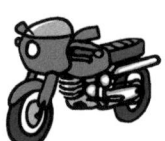

sepeda motor

motocikl

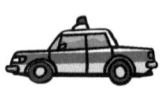

mobil polisi

policijski auto

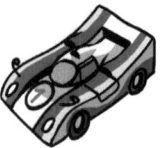

mobil balapan

trkaći auto

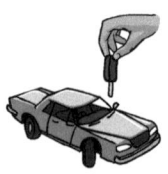

mobil sewa

iznajmljeno auto

berbagi mobil

delenje automobila

truk derek

vučno vozilo

truk sampah

vozilo za odvoz smeća

motor

motor

bahan bakar

benzin

bensin

benzinska stanica

tanda lalulintas

saobraćajni znak

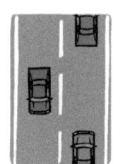

lalulintas

saobraćaj

macet

zastoj

parkir mobil

parkiralište

stasiun kereta

železnička stanica

trek

šine

kereta api

voz

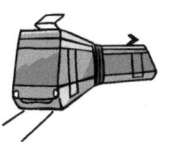

tram

tramvaj

gerobak

vagon

helikopter

helikopter

bendara

aerodrom

menara

kula

penumpang

putnik

container

kontejner

karton

karton

troli

kolica

keranjang

korpa

berangkat / mendarat

uzleteti / sleteti

kota

grad

desa

selo

pusat kota

centar grada

rumah

kuća

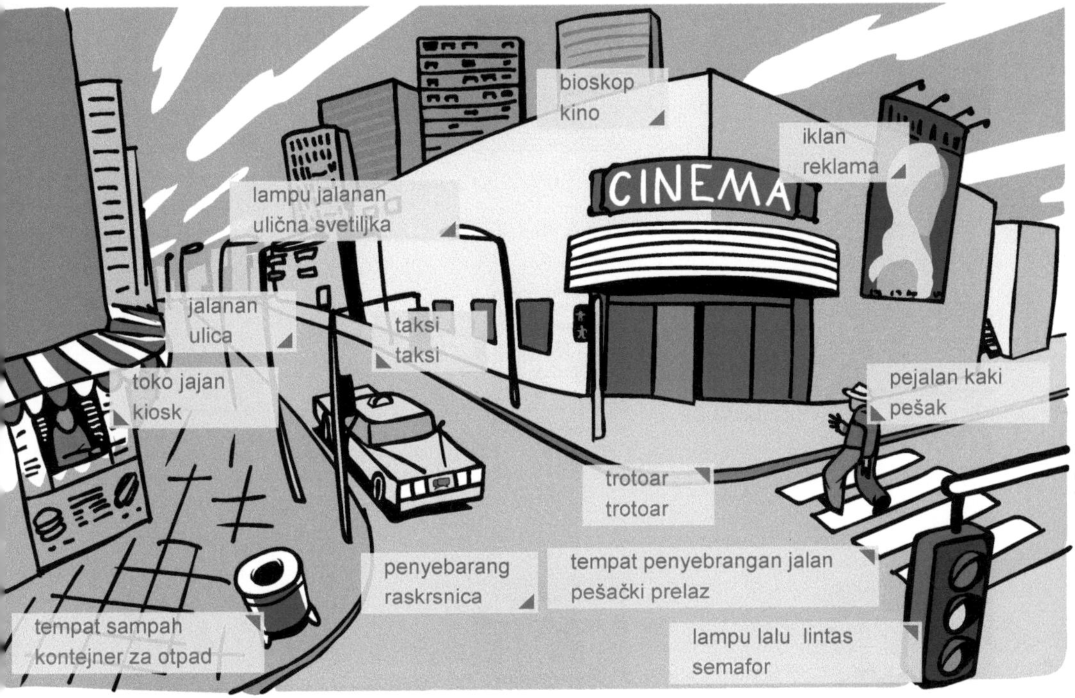

kota - grad

bioskop / **kino**

iklan / **reklama**

lampu jalanan / **ulična svetiljka**

jalanan / **ulica**

taksi / **taksi**

toko jajan / **kiosk**

pejalan kaki / **pešak**

trotoar / **trotoar**

penyebarang / **raskrsnica**

tempat penyebrangan jalan / **pešački prelaz**

tempat sampah / **kontejner za otpad**

lampu lalu lintas / **semafor**

CINEMA

gubuk
....
koliba

rumah flat
....
stan

stasiun kereta
....
železnička stanica

balai kota
....
većnica

museum
....
muzej

sekolah
....
škola

universitas

univerzitet

bank

banka

rumah sakit

bolnica

hotel

hotel

farmasi

apoteka

kantor

kancelarija

toko buku

knjižara

toko

prodavnica

toko bunga

cvećara

supermarket

supermarket

pasar

trg

toko serba ada

robna kuća

nelayan

ribarnica

pusat belanja

trgovački centar

pelabuhan

luka

taman

park

banku

klupa

jembatan

most

tangga

stepenice

kereta bawah tanah

podzemna željeznica

terowongan

tunel

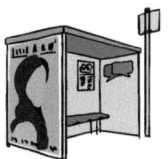

pemberhantian bis

autobuska stanica

bar

bar

restauran

restoran

kotak surat

poštansko sanduče

tanda jalan

ulični znak

meteran parkir

parkirni automat

kebun binatang

zoološki vrt

kolam renang

bazen

mesjid

džamija

pertanian

seosko gazdinstvo

polusi

zagađenje okoline

kuburan

groblje

gereja

crkva

tempat bermain

igralište

pura

hram

pemandangan
pejsaž

daun
list

penunjuk arah
putokaz

jalanan
put

padang rumput
livada

batu
kamen

pohon
drvo

pejalak kaki
šetač

sungai
reka

rumput
trava

bunga
cvijet

lembah
dolina

bukit
planina

danau
jezero

hutan
šuma

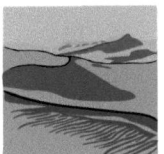

padang gurun
pustinja

gunung berapi
vulkan

istana
dvorac

pelangi
duga

jamur
gljiva

pohon palem
palma

nyamuk
moskito

lalat
muva

semut
mrav

lebah
pčela

laba-laba
pauk

kumbang

buba

kodok

žaba

tupai

veverica

landak

jež

kelinci

zec

burung hantu

sova

burung

ptica

angsa

labud

babi jantan

divlja svinja

rusa

jelen

rusa

los

bendungan

nasip

turbin angin

vetrenjača

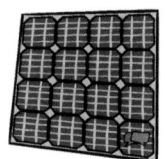

panel surya

solarna ploča

iklim

klima

restauran

restoran

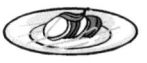

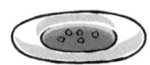

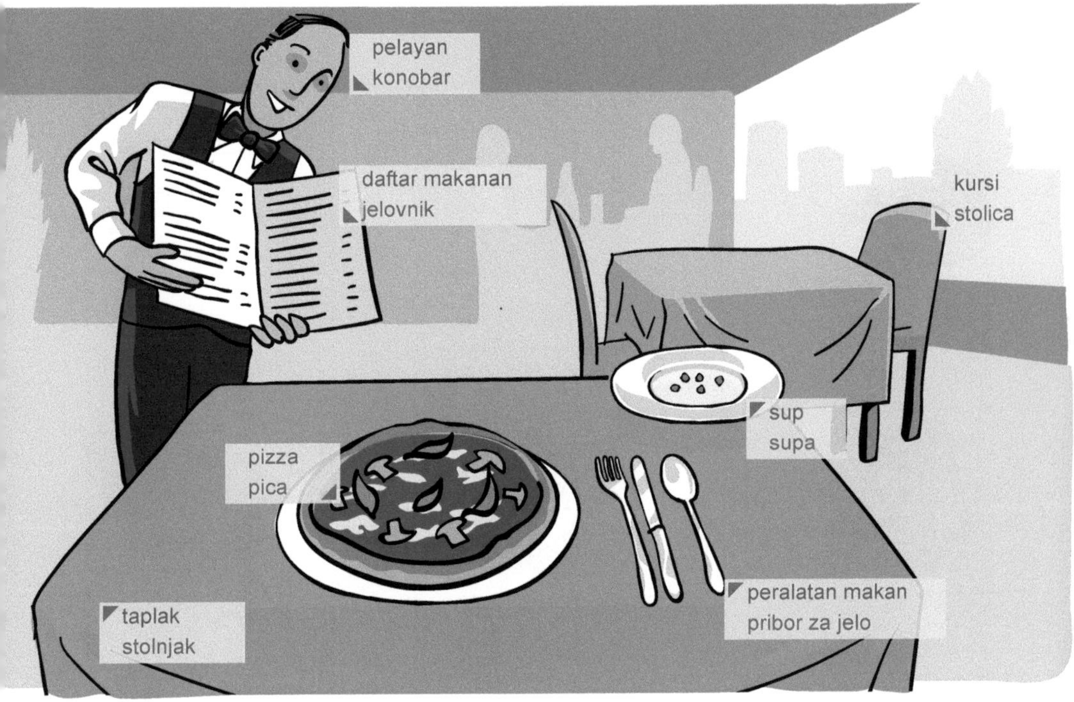
pelayan
konobar
daftar makanan
jelovnik
kursi
stolica
sup
supa
pizza
pica
taplak
stolnjak
peralatan makan
pribor za jelo

hindangan pembuka

predjelo

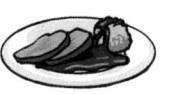

hidangan utama

glavno jelo

hidangan penutup

desert

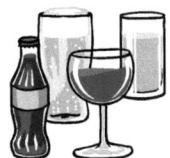

minuman

napitci

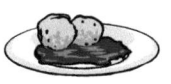

makanan

jelo

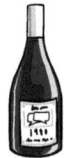

botol

flaša

fastfood

brza hrana

masakan jalanan

imbis hrana

teko teh

čajnik

kaleng gula

doza za šećer

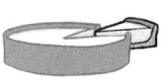

porsi

porcija

mesin espresso

aparat za espresso

kursi tinggi

visoka stolica

tagihan

račun

baki

poslužavnik

pisau

nož

garpu

viljuška

sendok

kašika

sendok teh

čajna kašika

serbet

salveta

gelas

čaša

piring
tanjir

piring sup
tanjir za supu

lepek
tanjirić

saus
sos

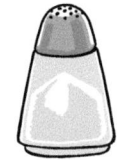

tempat garam
soljenka

gilingan merica
mlin za biber

cuka
sirće

minyak
ulje

bumbu
začini

saus tomat
kečap

mustar
senf

mayones
majoneza

supermarket

supermarket

penawaran khusus
ponuda
klien
kupac
produk susu
mlečni proizvodi
buah
voće
troli
kolica za kupovinu
FOR

BUTCHERS

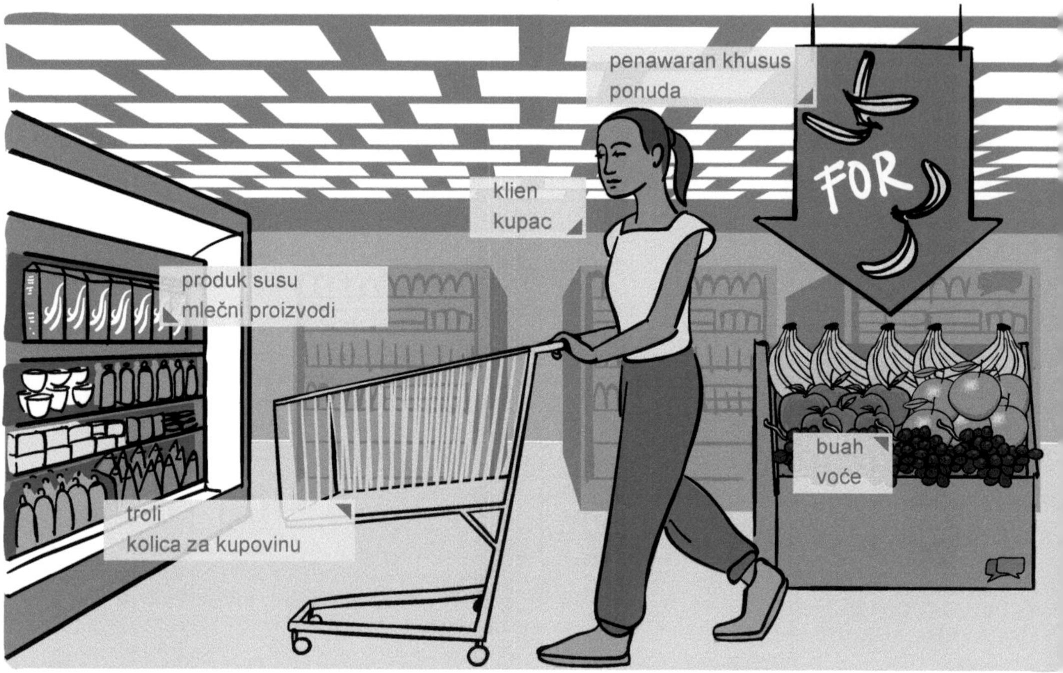

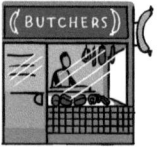

pembantai

mesnica

BAKERY

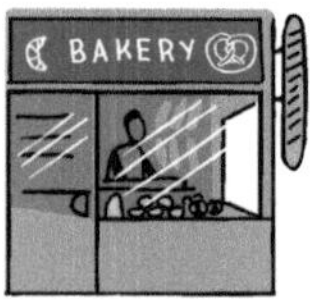

toko roti

pekara

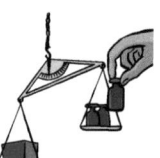

menimbang

vagati

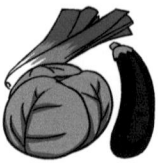

sayur

povrće

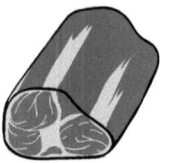

daging

meso

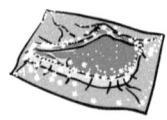

makanan beku

smrznuta hrana

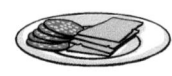

pemotongan dingin

narezak

makanan kaleng

konzerve

sabun serbuk

sredstvo za pranje

permen

slatkiši

alat-alat rumah tangga

artikli za domaćinstvo

obat pembersihan

sredstva za čišćenje

penjual

prodavačica

kasa

blagajna

kasir

blagajnik

daftar belanja

lista za kupovinu

jam buka

vreme rada

dompet

novčanik

kartu kredit

kreditna kartica

tas

torba

kantong plastik

plastična kesa

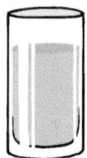

air

voda

jus

sok

susu

mleko

cola

kola

anggur

vino

bir

pivo

alkohol

alkohol

coklat

kakao

teh

čaj

kopi

kava

espresso

espresso

cappucino

cappuccino

pisang

banana

apel

jabuka

jeruk

narandža

semangka

lubenica

jeruk lemon

limun

wortel

šargarepa

bawang putih

beli luk

bambu

bambus

bawang bombai

luk

jamur

gljiva

kacang

orašasti plodovi

mi

rezanci

spagetti

špagete

nasi

riža

salat

salata

kentang goreng

pomfrit

kentang goreng

pečeni krumpir

pizza

pica

hamburger

hamburger

sandwich

sendvič

sayatan

šnicla

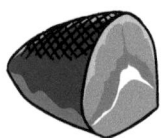

ham

šunka

salami

salama

sosis

kobasica

ayam

kokoš

menggoreng

pečenje

ikan

riba

bubur gandum

zobene pahuljice

sereal

musli

cornflakes

kukuruzne pahuljice

tepung

brašno

croissant

kroasan

roti

pecivo

roti

hleb

toast

toast

biskuit

keksi

mentega

maslac

dadih

sveži sir

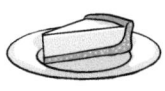

kue

kolač

telur

jaje

telur goreng

jaje na oko

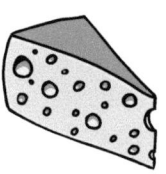

keju

sir

eskrim

sladoled

gula

šećer

madu

med

selai

marmelada

krim nugat

nugat krema

kare

kari

makanan - jelo

pertanian

seosko gazdinstvo

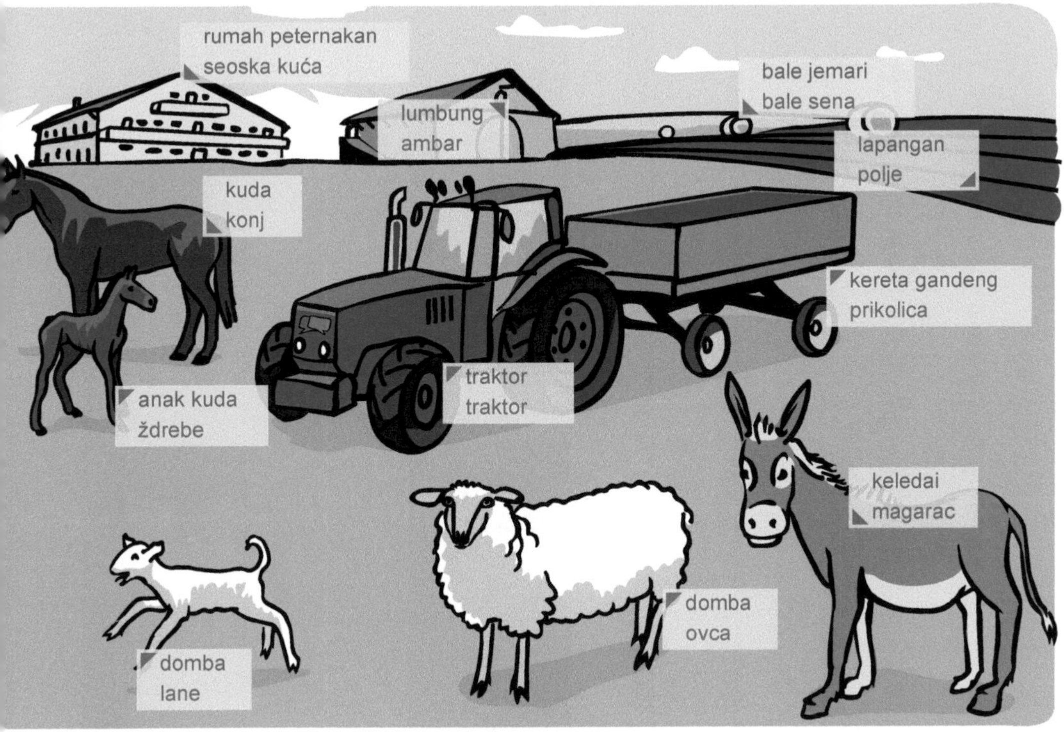

rumah peternakan
seoska kuća
lumbung
ambar
bale jemari
bale sena
lapangan
polje
kuda
konj
kereta gandeng
prikolica
traktor
traktor
anak kuda
ždrebe
keledai
magarac
domba
ovca
domba
lane

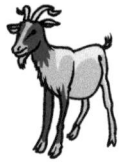

kambing
koza

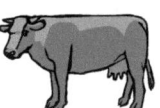

sapi
krava

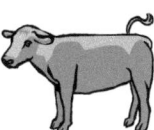

betis
tele

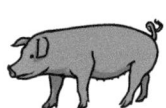

babi
svinja

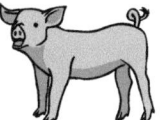

celeng
prase

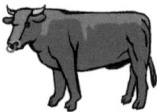

banteng
bik

angsa

guska

bebek

patka

anak ayam

pilići

ayam

kokoš

ayam jantan

petao

tikus

pacov

kucing

mačka

tikus

miš

lembu

vol

anjing

pas

rumah anjing

kućica za psa

selang

vrtno crevo

penyiram

kanta za polivanje

sabit

kosa

bajak

plug

sabit

srp

cangkul

motika

garpu rumput

viljuška za đubrivo

kapak

sekira

gerobak

tačke

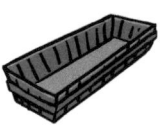

palung

korito

kaleng susu

posuda za mleko

karung

vreća

pagar

ograda

kandang

štala

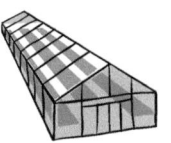

rumah kaca

staklenik

tanah

zemlja

benih

seme

pupuk

đubrivo

mesin pemanen

kombajn

panen

žeti

panen

žetva

yams

jams začin

gandum

pšenica

kedelai

soja

kentang

krumpir

jagung

kukuruz

lobak

uljana repica

pohon buah

voćka

singkong

gomolj manioke

sereal

žitarice

rumah
kuća

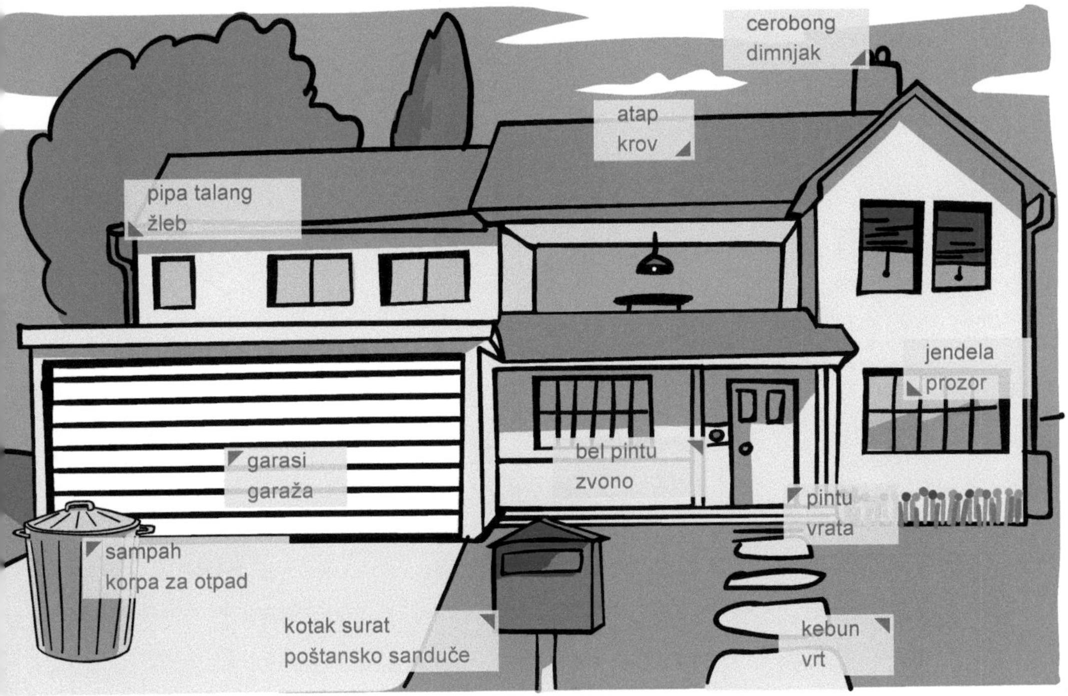
cerobong
dimnjak
atap
krov
pipa talang
žleb
jendela
prozor
garasi
garaža
bel pintu
zvono
pintu
vrata
sampah
korpa za otpad
kotak surat
poštansko sanduče
kebun
vrt

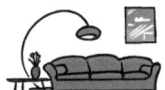

ruang tamu

dnevna soba

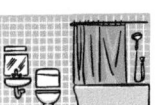

kamar mandi

kupaonica

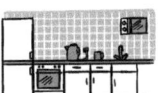

dapur

kuhinja

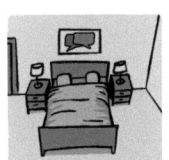

kamar tidur

spavaća soba

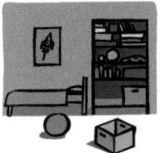

kamar anak

dečija soba

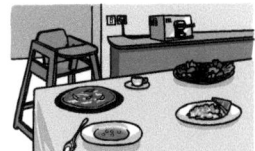

kamar makan

trpezarija

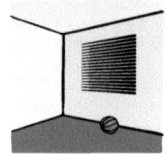

lantai

pod

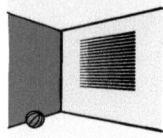

tembok

zid

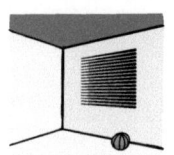

atap

strop

gudang di bawah tanah

podrum

sauna

sauna

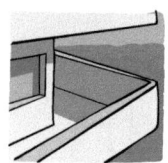

balkon

balkon

teras

terasa

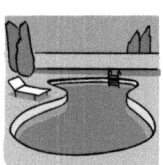

kolam renang

bazen

mesin pemotong rumput

kosilica za travu

sprei

posteljina za krevet

selimut

deka za krevet

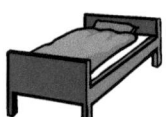

tempat tidur

krevet

sapu

metla

ember

kanta

tombol

prekidač

ruang tamu
dnevna soba

kertas dinding
tapeta
gambar
slika
lampu
svetiljka
rak
regal
kabinet
ormar
televisi
televizija
perapian
kamin
bunga
cvijet
bantal
jastuk
sofa
kauč
vas
vaza
remote control
daljinski upravljač

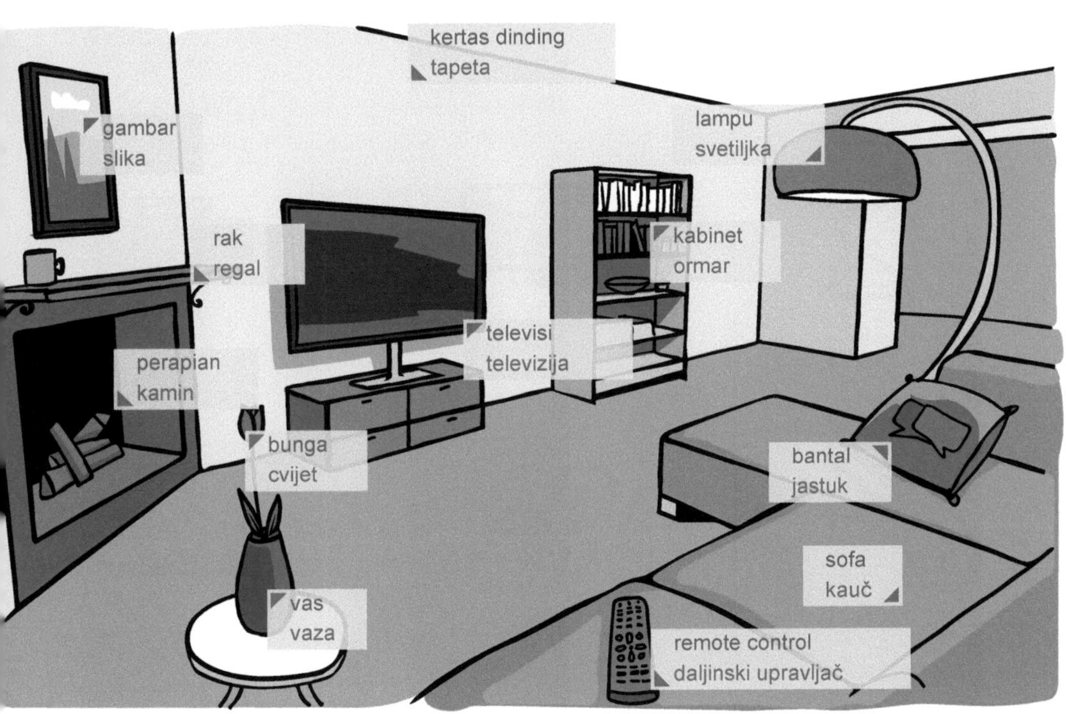

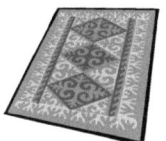

karpet
tepih

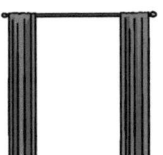

korden
zavesa

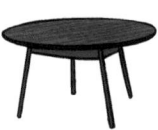

meja
sto

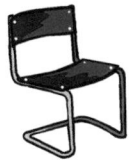

kursi
stolica

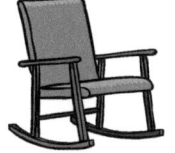

kursi goyang
stolica za njihanje

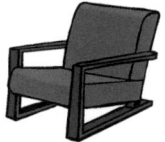

kursi malas
fotelja

buku
knjiga

selimut
deka

dekorasi
dekoracija

kayu bakar
drvo za ogrev

filem
film

hi-fi
hi-fi uređaj

kunci
ključ

koran
novine

lukisan
slika na platnu

poster
poster

radio
radio

buku tulis
blok za pisanje

penyedot debu
usisivač

kaktus
kaktus

lilin
sveća

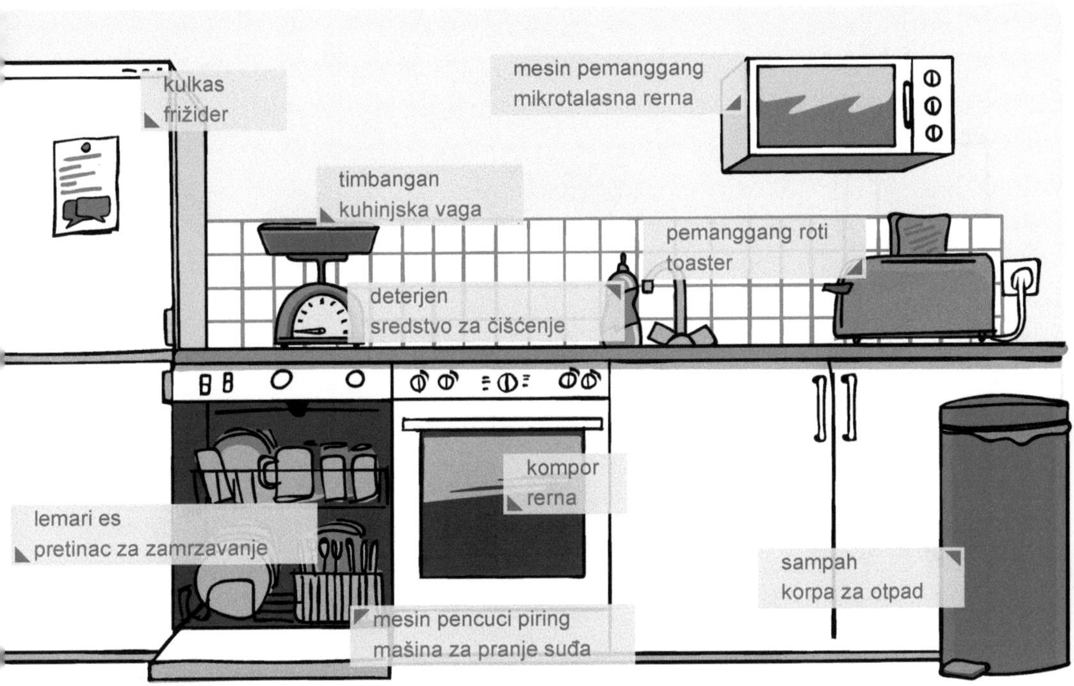

kulkas
frižider

mesin pemanggang
mikrotalasna rerna

timbangan
kuhinjska vaga

pemanggang roti
toaster

deterjen
sredstvo za čišćenje

kompor
rerna

lemari es
pretinac za zamrzavanje

sampah
korpa za otpad

mesin pencuci piring
mašina za pranje suđa

kompor

šporet

panci

lonac

panci besi

gvozdeni lonac

wajan

wok / kadai

panci

tava

pemanas air

kuvalo za vodu

panci pengukus makanan

kuvalo na paru

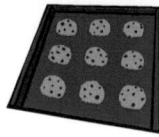

nampan

lim za pečenje

piring

posuđe

cangkir

čaša

mangkok

posuda

sumpit

štapići za jelo

sendok sup

kutlača

sudip

lopatica

mengocok

penjača

saringan

sito za kuvanje

saringan

sito

parutan

ribež

mortir

mužar

barbeque

roštilj

api terbuka

ognjište

papan memotong

daska

gilingan

oklagija

alat pembuka botol

vadičep

kaleng

konzerva

pembuka kaleng

otvarač konzervi

pegangan panci

krpa za lonac

wastafel

sudoper

sikat

četka

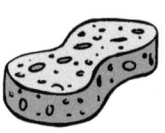

busa

sunđer

mesin pencampur

mikser

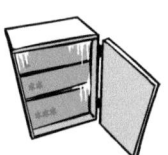

lemari es

zamrzivač

botol bayi

flašica za bebe

keran

slavina za vodu

kamar mandi

kupaonica

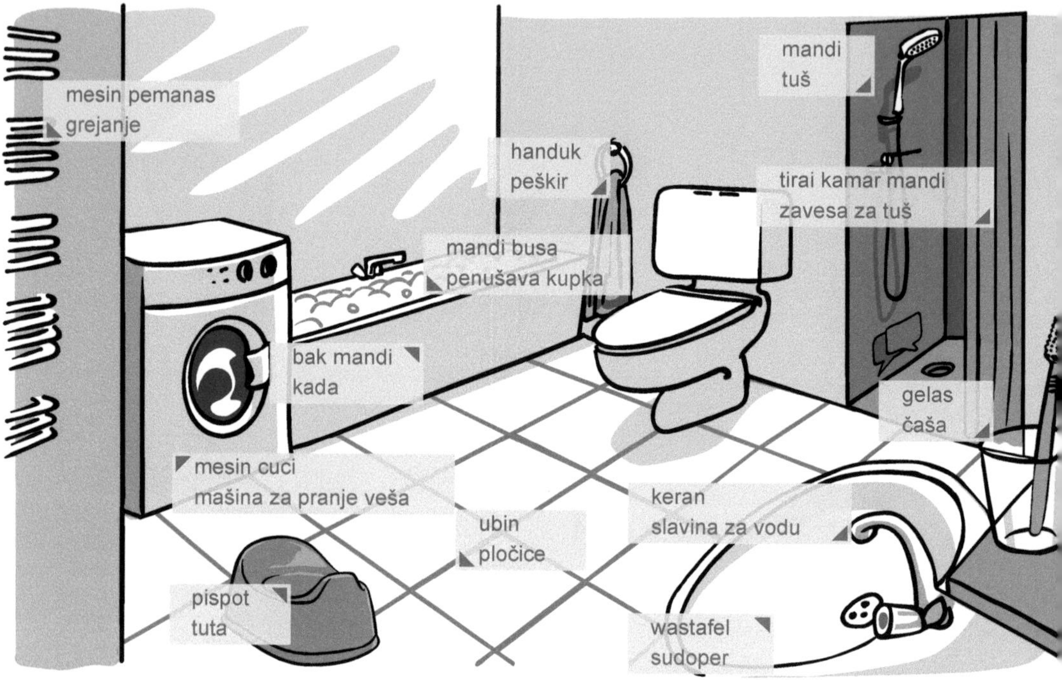

mesin pemanas
grejanje
handuk
peškir
mandi
tuš
tirai kamar mandi
zavesa za tuš
mandi busa
penušava kupka
bak mandi
kada
gelas
čaša
mesin cuci
mašina za pranje veša
keran
slavina za vodu
ubin
pločice
pispot
tuta
wastafel
sudoper

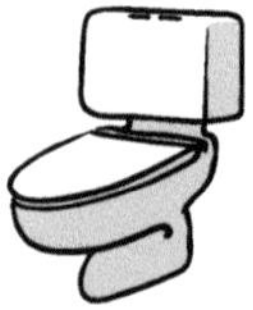

toilet

toalet

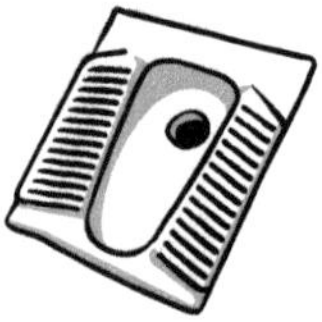

toilet jongkok

čučavac

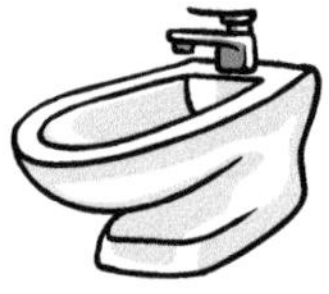

bidet

bidet

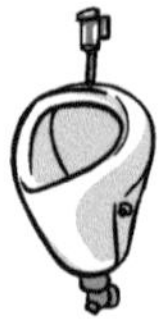

pissoir

pisoar

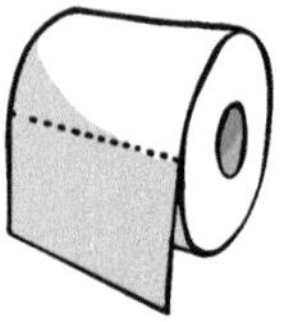

kertas toilet

toaletni papir

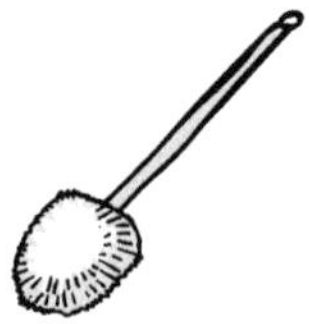

sikat toilet

četka za toalet

sikat gigi

četkica za zube

pasta gigi

pasta za zube

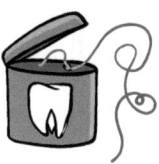

benang gigi

konac za zube

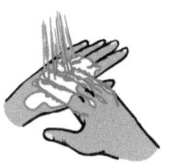

menyuci

prati

pancuran tangan

tuš ručica

pancuran

tuš za pranje intimnih
delova

bak

lavor

sikat punggung

četka za pranje leđa

sabun

sapun

gel mandi

gel za tuširanje

sampo

šampon

planel

krpa za pranje

kuras

odvod

krim

krema

deodoran

dezodorans

kaca

ogledalo

cermin tangan

kozmetičko ogledalo

pisau cukur

brijač

busa cukur

pena za brijanje

aftershave

losion za posle brijanja

sisir

češalj

sikat

četka

alat pengering rambut

fen za kosu

semprot rambut

sprej za kosu

makeup

makeup

lipstik

ruž za usne

cat kuku

lak za nokte

kapas

vata

gunting kuku

makaze za nokte

minyak wangi

parfem

kantong pencuci

kozmetička torbica

bangku

stolica

timbangan

vaga

mantel mandi

ogrtač

sarung tangan karet

rukavice za čišćenje

tampon

tampon

handuk pembalut

uložak

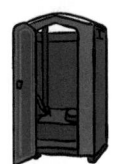

toilet kimia

hemijski toalet

kamar anak

dečija soba

jam alarm
budilnik
boneka tidur
plišana igračka
mobil-mobilan
auto igračka
kelintung
zvečka
rumah boneka
kućica za lutke
kado
poklon

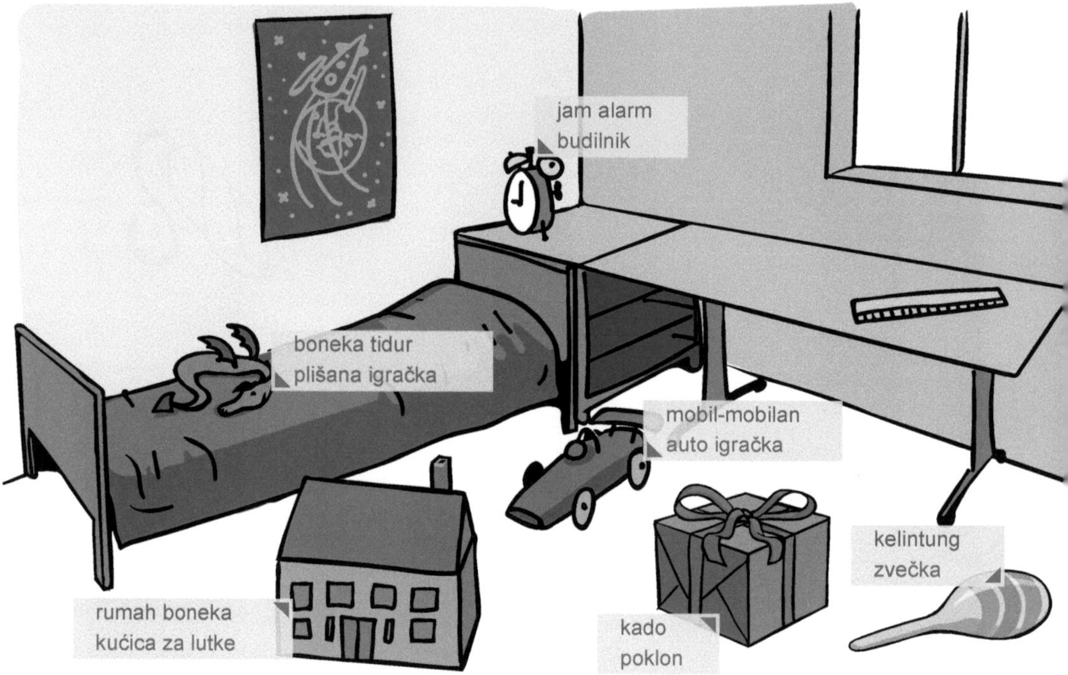

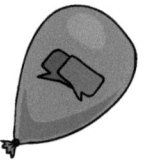

balon

balon

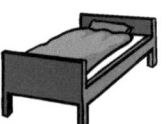

tempat tidur

krevet

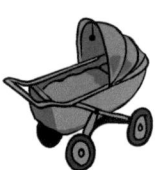

kereta bayi

dječija kolica

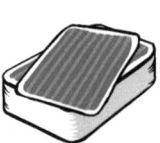

mainan kartu

igra s kartama

teka-teki

slagalica

SUPER
MEGA

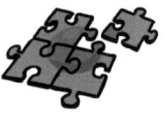

komik

strip

mainan lego

lego kockice

blok mainan

kockice za slaganje

figur aksi

akcioni junak

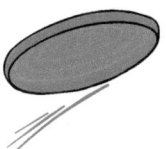

baju monyet

benkica za bebe

frisbee

frizbi

mobile

viseće igračke

permainan papan

društvene igre

dadu

kocka

set model kreta api

minijaturna željeznica

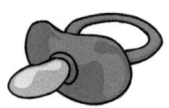

dot

duda

pesta

zabava

buku gambar

slikovnica

bola

lopta

boneka

lutka

bermain

igrati

tempat main pasir

pješčanik

ayunan

ljuljačka

mainan

igračka

video game konsol

konzola za igre

sepeda roda tiga

tricikl

teddy

tedi

lemari pakaian

ormar

pakaian

odeća

kaos kaki

kratke čarape

kaos kaki

čarape

baju ketat

hulahopke

syal
šal

payung
kišobran

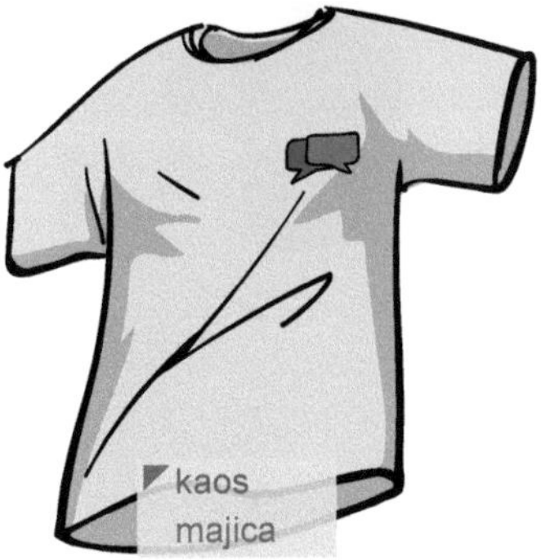

sabuk
kaiš

kaos
majica

sepatu bot
čizme

sandal
papuče

sepatu
patike

sandal
....
sandale

sepatu
....
cipele

sepatu bot karet
....
gumene čizme

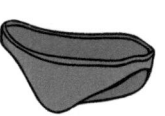

celana dalam
....
gaćice

BH
....
grudnjak

baju rompi
....
potkošulja

body
bodi

celana
pantalone

jeans
farmerke

rok
suknja

blus
bluza

kemeja
košulja

aket berkerudung
džemper

sweater
džemper s kapuljačom

jaket
sako

jaket
jakna

mantel
kaput

jas hujan
kabanica

kostum
kostim

gaun
haljina

gaun pengantin
venčanica

setelan resmi

odelo

gaun tidur

spavaćica

piyama

pidžama

sari

sari

jilbab

marama za glavu

turban

turban

burka

burka

kaftan

kaftan

abaya

abaja

pakaian renang

kupaći kostim

celana renang

kupaće gaćice

celana pendek

kratke pantalone

olah raga

odeća za trening

celemek

kecelja

sarung tangan

rukavice

kancing
dugme

kacamata
naočare

gelang
narukvica

kalung
ogrlica

cincin
prsten

anting
naušnica

topi
kapa

gantungan mantel
vešalica

topi
šešir

dasi
kravata

ritsleting
patent zatvarač

helm
kaciga

tali selempang
naramenice

seragam sekolah
školska uniforma

seragam
uniforma

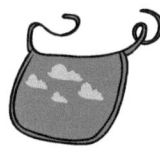

oto

podbradak

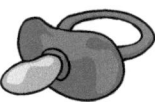

dot

duda

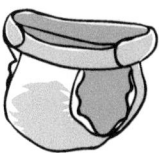

popok

pelena

kantor
kancelarija

server
server
lemari arsip
ormar za spise
pencetak
štampač
kertas
papir
layar
monitor
mouse komputer
miš
meja kerja
pisaći stol
tempat pengarsipan
mapa
papan tombol
tastatura
tempat sampah
košara za papir
computer
kompjuter
kursi
stolica

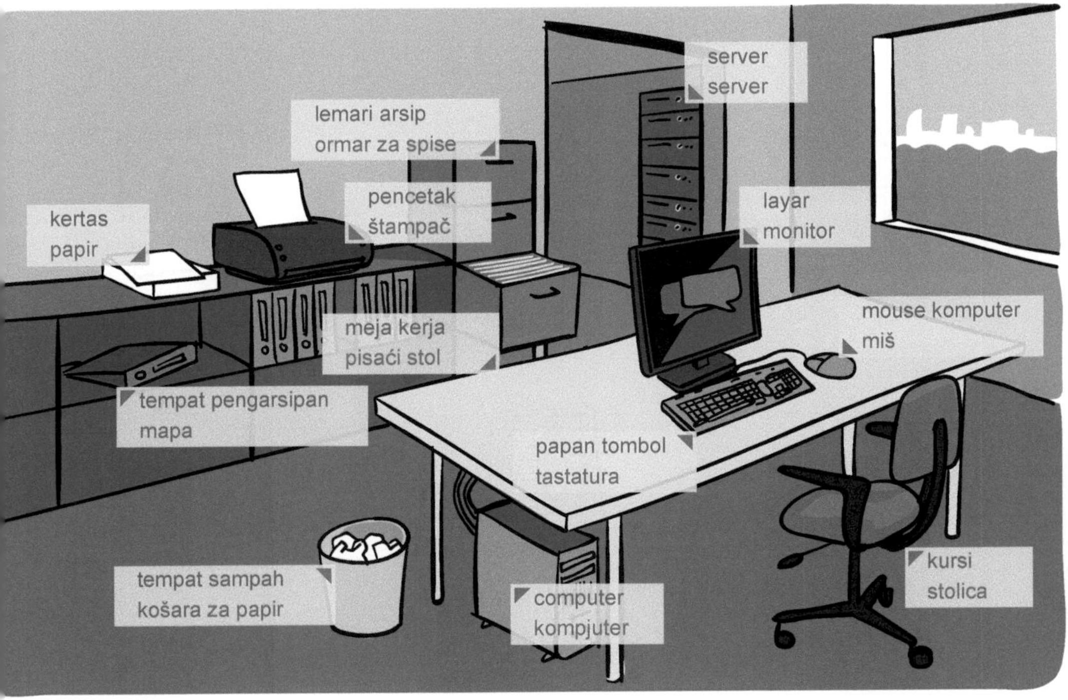

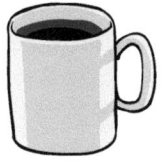

cangkir kopi

šalica za kavu

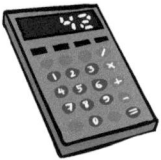

kalkulator

kalkulator

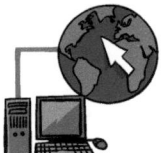

internet

internet

laptop
....
laptop

surat
....
pismo

pesan
....
poruka

telepon seluler
....
mobilni telefon

jaringan
....
mreža

fotokopi
....
uređaj za kopiranje

software
....
softver

telepon
....
telefon

plug soket
....
utičnica

mesin fax
....
faks

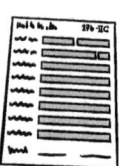

formulir
....
formular

dokumen
....
dokument

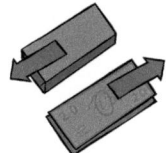

membeli

kupovati

membayar

platiti

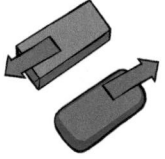

berdagang

trgovati

uang

novac

Dollar

dolar

Euro

evro

Yen

jen

Rubel

rublja

Franc Swiss

švajcarski franak

Renminbi Yuan

renmindbi juan

Rupiah

rupija

ATM

automat za novac

kantor pertukaran mata
uang
menjačnica

emas

zlato

perak

srebro

minyak

nafta

energi

energija

harga

cena

kontrak

ugovor

pajak

porez

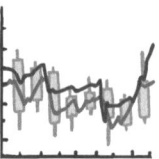

saham

deonica

bekerja

raditi

karyawan

službenik

majikan

poslodavac

pabrik

fabrika

toko

prodavnica

pekerjaan
zanimanja

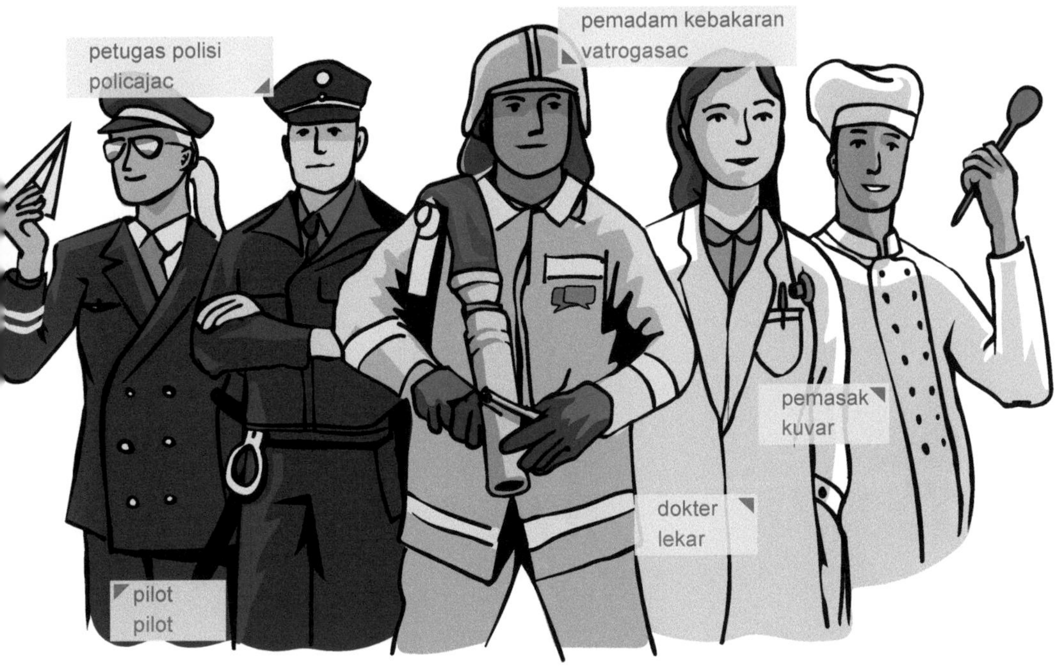
petugas polisi
policajac
pemadam kebakaran
vatrogasac
pemasak
kuvar
dokter
lekar
pilot
pilot

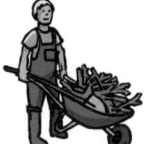

tukan kebun

vrtlar

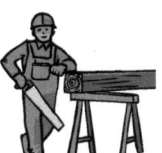

tukang kayu

stolar

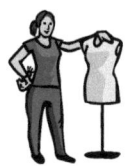

penjahit wanita

krojačica

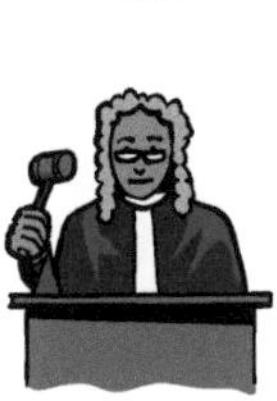

hakim

sudija

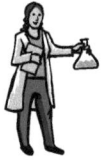

ahli kimia

hemičar

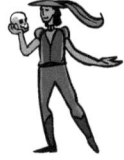

aktor

glumac

sopir bis

vozač autobusa

sopir taksi

vozač taksija

nelayan

ribar

pembantu

čistačica

tukang atap

krovopokrivač

pelayan

konobar

pemburu

lovac

pelukis

slikar

tukang roti

pekar

tukang listrik

električar

pembangun

građevinski radnik

insinyur

inženjer

tukang daging

mesar

tukang ledeng

limar

tukang pos

poštar

tentara

vojnik

arsitek

arhitekta

kasir

blagajnik

penjual bunga

cvećar

penata rambut

frizer

konduktor

kondukter

montir

mehaničar

kapten

kapetan

dokter gigi

zubar

ilmuwan

naučnik

rabbi

rabi

imam

imam

biarawan

monah

pendeta

svećenik

alat

alati

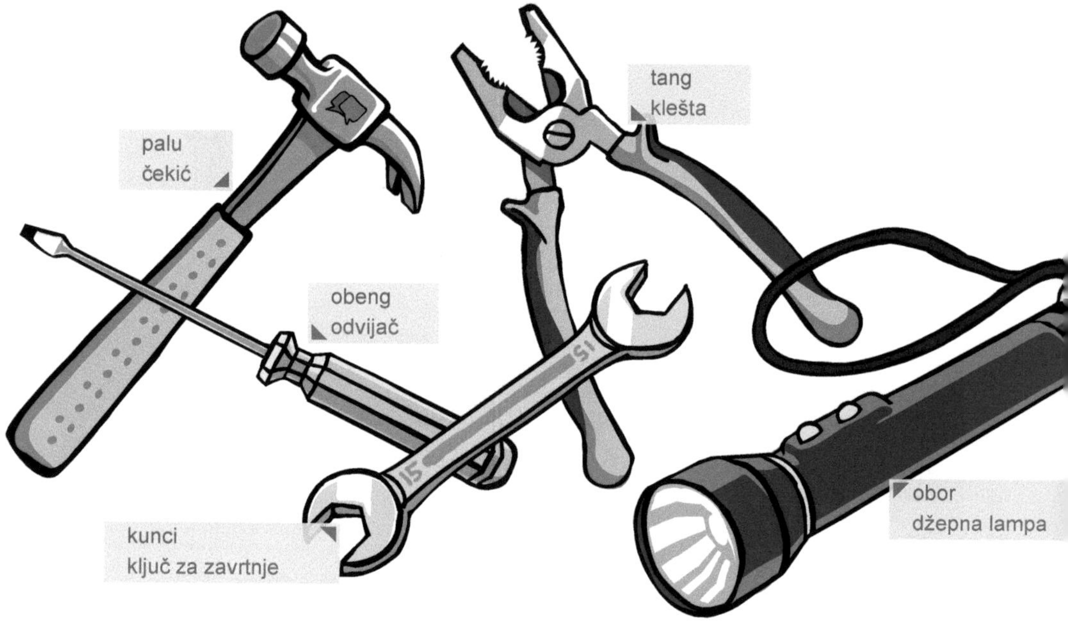

palu
čekić
tang
klešta
obeng
odvijač
kunci
ključ za zavrtnje
obor
džepna lampa

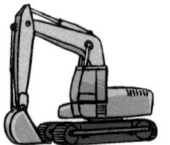

penggali

bager

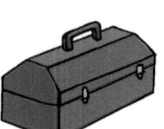

tas perkakas

kutija za alat

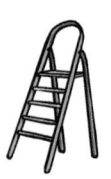

tangga

merdevine

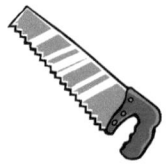

gergaji

pila

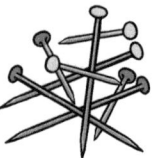

paku

ekser

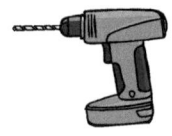

bor

bušilica

perbaikan
....
popraviti

sekop
....
lopata

Sialan!
....
do đavola!

cikrak
....
lopatica

pot cat
....
lonac za boju

sekrup
....
zavrtanji

alat musik

muzički instrument

alat drum
bubnjevi

pengeras suara
zvučnik

gitar
gitara

bas
kontrabas

trompet
truba

piano

klavir

violin

violina

bass

bas

tambur

timpani

drum

udaraljke za bubnjeve

keyboard

tipke klavira

saksofon

saksofon

suling

flauta

mikrofon

mikrofon

alat musik - muzički instrument

kebun binatang

zoološki vrt

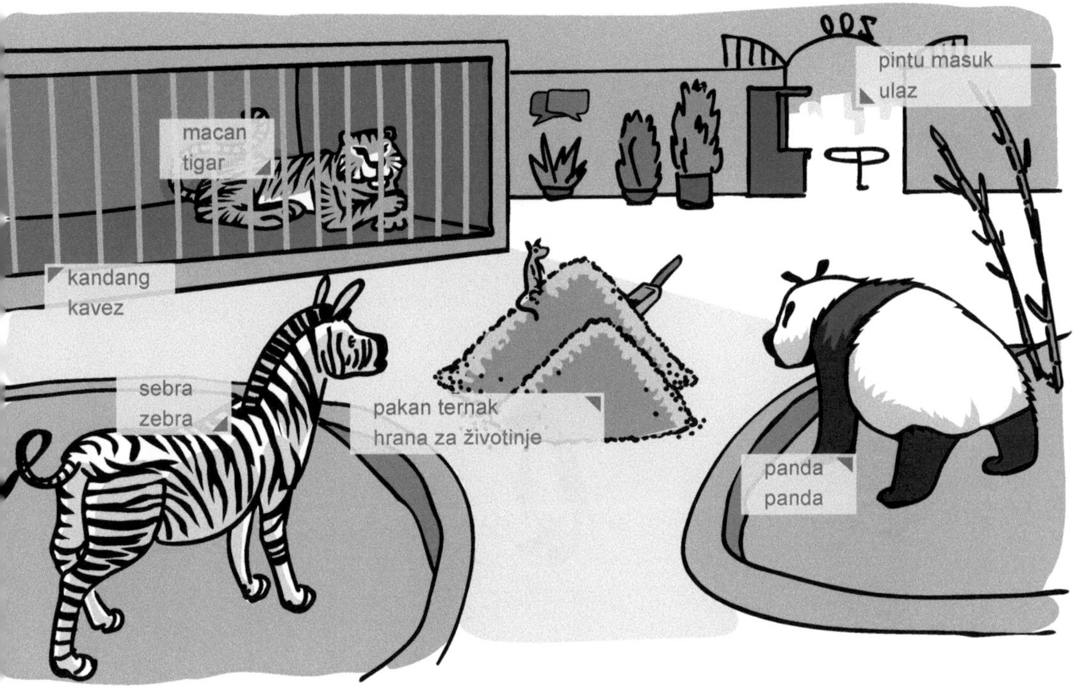

pintu masuk
ulaz
macan
tigar
kandang
kavez
sebra
zebra
pakan ternak
hrana za životinje
panda
panda

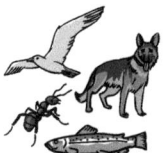

hewan

životinje

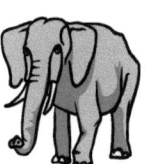

gajah

slon

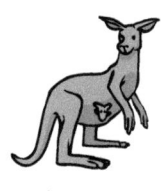

kanguru

kengur

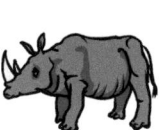

badak

nosorog

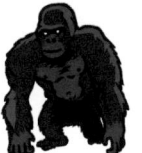

gorila

gorila

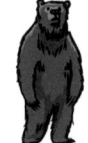

beruang

medved

unta
kamila

burung unta
noj

singa
lav

monyet
majmun

flamingo
flamingo

burung beo
papagaj

beruang polar
polarni medved

penguin
pingvin

hiu
ajkula

merak
paun

ular
zmija

buaya
krokodil

penjaga kebun binatang
čuvar u zoološkom vrtu

segel
tuljan

jaguar
jaguar

kuda poni

poni

macan tutul

leopard

kuda nil

nilski konj

jerapah

žirafa

burung elang

orao

babi jantan

divlja svinja

ikan

riba

kura-kura

kornjača

anjing laut

morž

rubah

lisica

kijang

gazela

olahraga
sport

american football
američki nogomet

naik sepeda
biciklizam

tennis
tenis

basketbal
košarka

bernang
plivanje

tinju
boks

hoki es
hokej na ledu

sepak bola

fudbal

badminton

badminton

atletik

atletika

bola tangan

rukomet

main ski

skijanje

polo

polo

aktivitas
aktivnosti

meloncat
skočiti
memeluk
zagrliti
ketawa
smejati se
berjalan
ići
menyanyi
pevati
mengimpi
sanjati
berdoa
moliti se
mencium
poljubiti

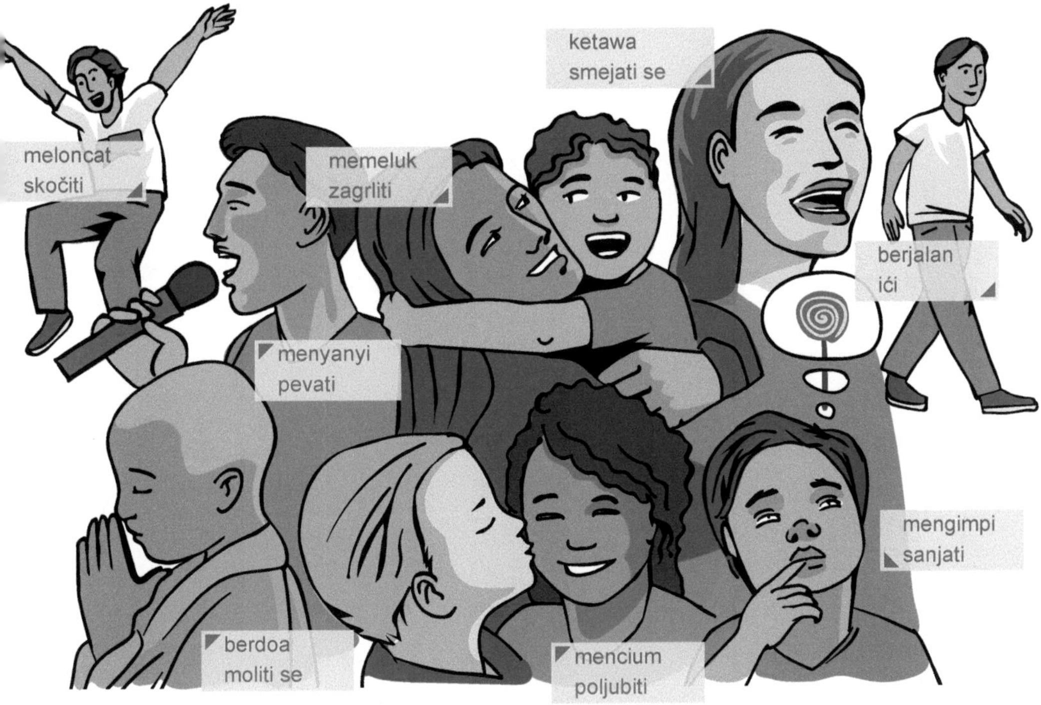

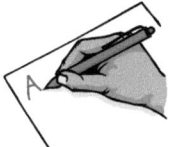

menulis
pisati

melukis
crtati

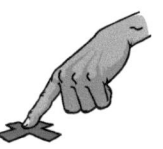

menunjuk
pokazati

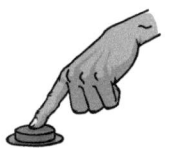

mendorong
gurati

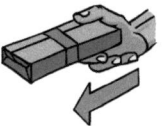

memberikan
dati

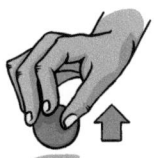

mengambil
uzeti

mempunyai
imati

melakukan
činiti

adalah
biti

berdiri
stojati

berlari
trčati

menarik
povlačiti

melempar
baciti

jatuh
padati

tidur
ležati

menunggu
čekati

membawa
nositi

duduk
sediti

berpakaian
oblačiti

tidur
spavati

bangun
probuditi se

melihat

gledati

menangis

plakati

mengelus

milovati

menyisir

češljati

berbicara

govoriti

mengerti

razumeti

menanyak

pitati

mendengar

slušati

minum

piti

makan

jesti

merapikan

pospremiti

cinta

voleti

memasak

kuhati

menyetir

voziti

terbang

leteti

aktivitas - aktivnosti

berlayar

ploviti

menghitung

računati

membaca

čitati

belajar

učiti

bekerja

raditi

menikah

venčati se

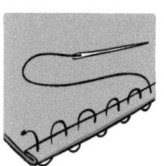

menjahit

šiti

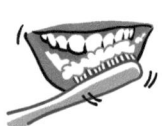

sikat gigi

prati zube

membunuh

ubiti

merokok

pušiti

kirim

poslati

aktivitas - aktivnosti

nenek
baka

kakek
deda

bapak
otac

ibu
majka

bayi
beba

putri
kćerka

putra
sin

tamu
....
gost

bibi
....
tetka

paman
....
ujak, stric

kakak laki
....
brat

kakak perempuan
....
sestra

badan

telo

dahi
čelo
mata
oko
bahu
rame
jari
prst
muka
lice
dagu
brada
tangan
ruka
payudara
grudi
kaki
noga
lengan
ruka

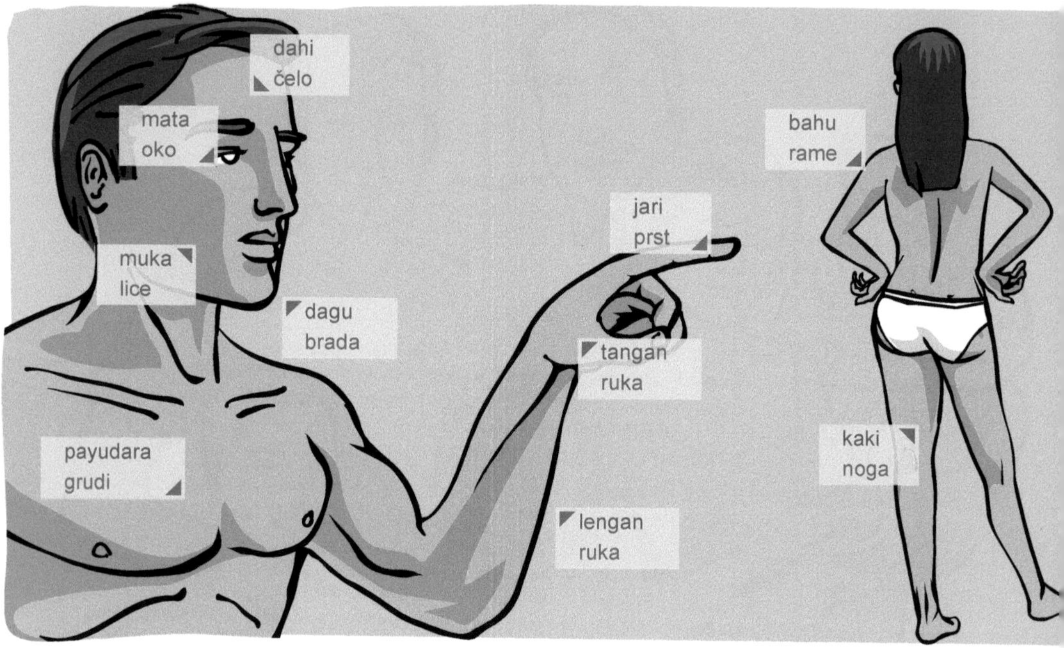

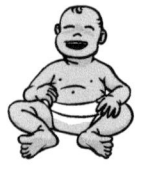

bayi
beba

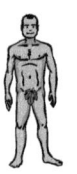

pria
muškarac

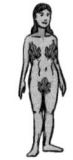

wanita
žena

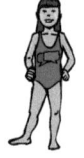

perempuan
devojčica

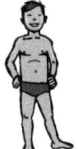

laki
dečak

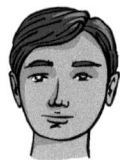

kepala
glava

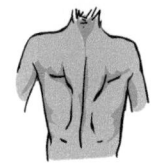

punggung
leđa

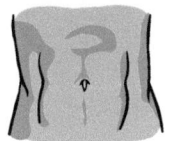

perut
stomak

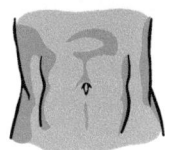

pusar
pupak

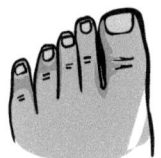

toe
nožni prst

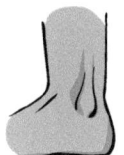

tumit
peta

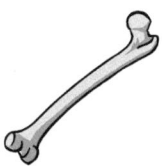

tulang
kost

pinggang
kukovi

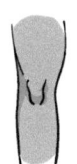

lutut
koleno

siku
lakat

hidung
nos

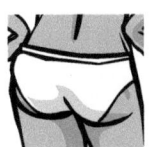

pantat
zadnjica

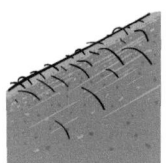

kulit
koža

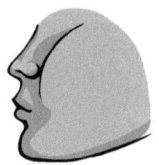

pipi
obraz

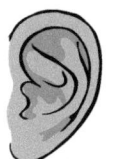

telinga
uvo

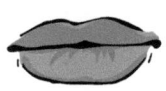

bibir
usna

badan - telo

mulut

usta

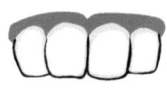

gigi

zub

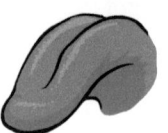

lidah

jezik

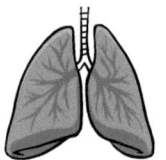

otak

mozak

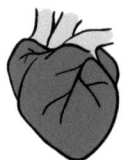

jantung

srce

otot

mišić

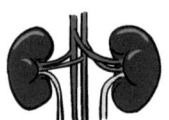

paru-paru

pluća

hati

jetra

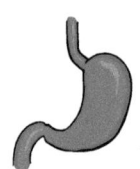

stomach

želudac

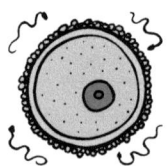

ginjal

bubrezi

hubungan seks

polni odnos

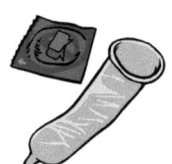

kondom

kondom

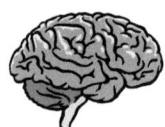

sel telur

jajna ćelija

sperma

sperma

kehamilan

trudnoća

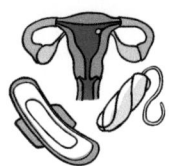

menstruasi

menstruacija

vagina

vagina

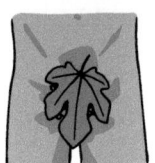

penis

penis

alis

obrva

rambut

kosa

leher

vrat

rumah sakit
bolnica

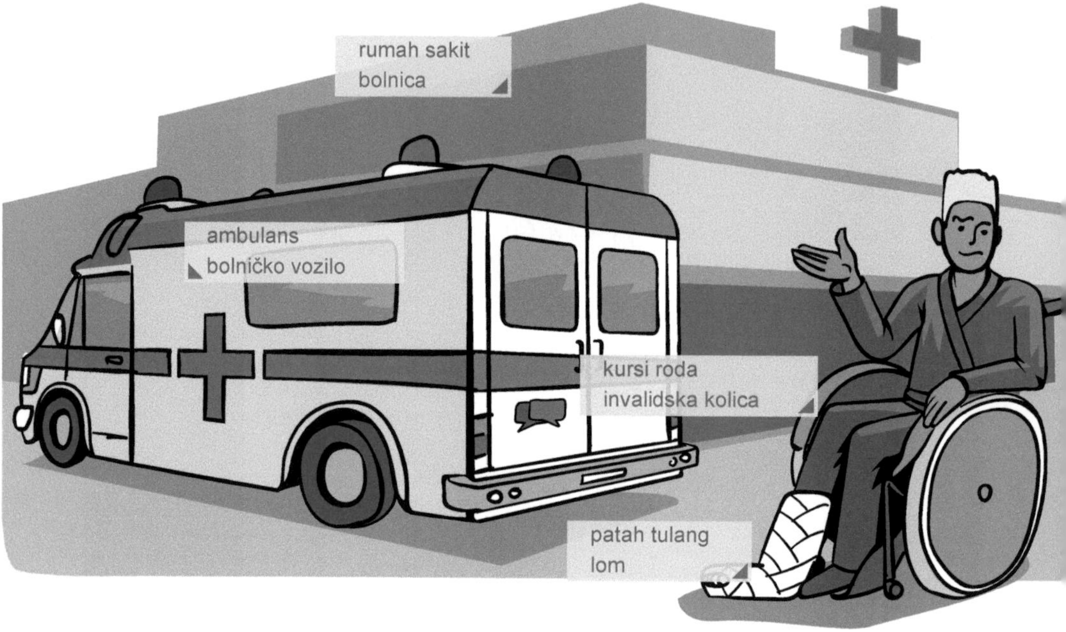

rumah sakit
bolnica
ambulans
bolničko vozilo
kursi roda
invalidska kolica
patah tulang
lom

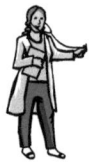

dokter
lekar

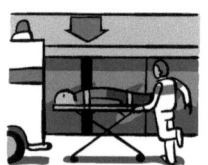

ruang darurat
hitna medicinska služba

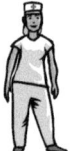

perawat
medicinska sestra

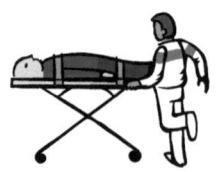

darurat
hitni slučaj

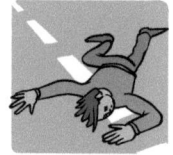

semaput
nesvest

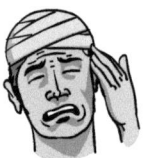

sakit
bol

cedera
povreda

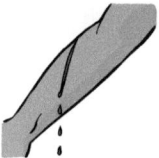

perdarahan
krvarenje

serangan jantung
srčani udar

stroke
udar

alergi
alergija

batuk
kašalj

demam
groznica

flu
gripa

diare
proliv

sakit kepala
glavobolja

kanker
rak

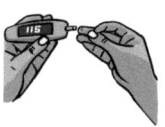

diabetes
dijabetes

ahli bedah
hirurg

pisau bedah
skalpel

operasi
operacija

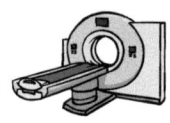

CT
ct

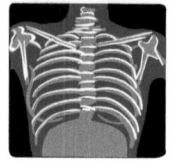

sinar x
rentgen

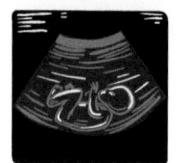

usg
ultrazvuk

topeng
maska

penyakit
bolest

ruang tunggu
čekaona

penyokong
štaka

plester
flaster

perban
zavoj

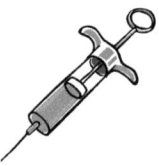

injeksi
injekcija

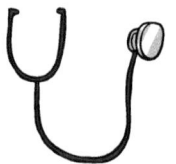

stetoskop
stetoskop

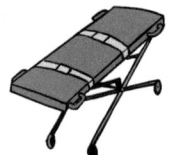

usungan
nosila

termometer klinis
termometar

kelahiran
rođenje

kelebihan berat badan
prekomerna težina

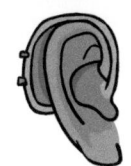

alat pendengar

slušni aparat

desinfektan

sredstvo za dezinfekciju

infeksi

infekcija

virus

virus

HIV / AIDS

HIV / AIDS

obat

medicina

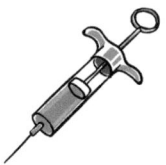

vaksinasi

vakcinacija

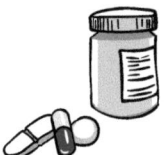

tablet

tablete

pil

pilula

panggilan darurat

hitni poziv

ukur tekanan darah

uređaj za merenje pritiska

sakit / sehat

bolesno / zdravo

Tolong!

pomoć!

alarm

alarm

penyerbuan

nasrtaj

serangan

napad

bahaya

opasnost

pintu darurat

izlaz u slučaju nužde

Api!

požar!

alat pemadam kebakaran

protivpožarni aparat

kecelakaan

nezgoda

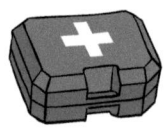

kit pertolongan pertama

kutija prve pomoći

SOS

sos

polisi

policija

Eropa

Evropa

Amerika Utara

Severna Amerika

Amerika Selatan

Južna Amerika

Afrika

Afrika

Asia

Azija

Australi

Australija

Atlantik

Atlantik

Pasifik

Pacifik

Samudra India

Indijski okean

Samudra Antartika

Antarktički okean

Samudra Arktik

Arktički ocean

kutub utara

Severni pol

kutub selatan

Južni pol

Antarktika

Antarktik

bumi

zemlja

tanah

zemlja

laut

more

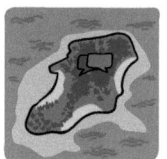

pulau

otok

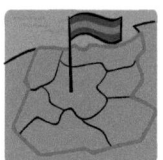

bangsa

nacija

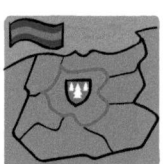

negara

država

bumi - zemlja

jam wajah

brojčanik sata

jarum pendek

satna kazaljka

jarum menit

minutna kazaljka

jarum detik

sekundna kazaljka

Jam berapa?

Koliko je sati?

hari

dan

waktu

vreme

sekarang

sada

jam digital

digitalni sat

menit

minuta

jam

čas

minggu
sedmica

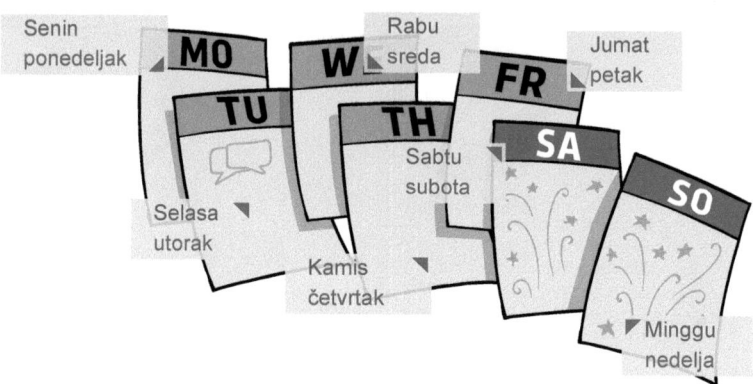

Senin
ponedeljak

Rabu
sreda

Jumat
petak

Selasa
utorak

Sabtu
subota

Kamis
četvrtak

Minggu
nedelja

kemaren
juče

hari ini
danas

besok
sutra

pagi
jutro

siang
podne

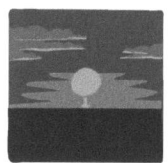

malam
veče

MO	TU	WE	TH	FR	SA	SU
1	2	3	4	5	6	7
8	9	10	11	12	13	14
15	16	17	18	19	20	21
22	23	24	25	26	27	28
29	30	31	1	2	3	4

hari kerja
radni dani

MO	TU	WE	TH	FR	SA	SU
1	2	3	4	5	6	7
8	9	10	11	12	13	14
15	16	17	18	19	20	21
22	23	24	25	26	27	28
29	30	31	1	2	3	4

akhir minggu
vikend

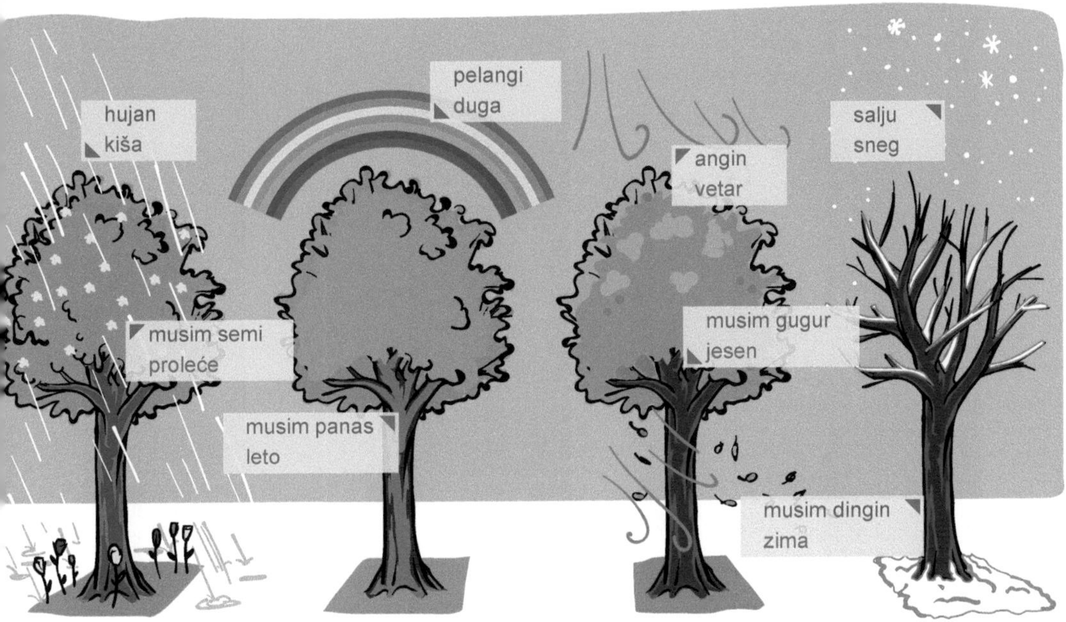

hujan
kiša

pelangi
duga

angin
vetar

salju
sneg

musim semi
proleće

musim panas
leto

musim gugur
jesen

musim dingin
zima

4.APRIL	11°	☀
5.APRIL	4°	☁
6.APRIL	13°	☁
7.APRIL	8°	❄
8.APRIL	10°	☀

ramalan cuaca

meteorološka prognoza

termometer

termometar

matahari

sunčana svetlost

awan

oblak

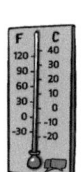

kabut

magla

kelembahan

vlažnost vazduha

kilat
....
munja

guntur
....
grmljavina

badai
....
oluja

hujan es
....
tuča

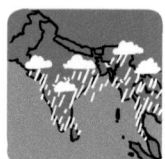

monsun
....
monsun

banjir
....
poplava

es
....
led

Januari
....
januar

Februari
....
februar

Maret
....
mart

April
....
april

Mei
....
maj

Juni
....
juni

Juli
....
juli

Agustus
....
avgust

tahun - godina

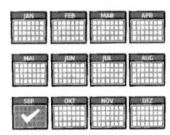

September
....
septembar

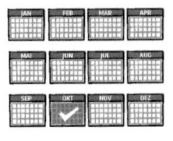

Oktober
....
oktobar

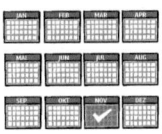

November
....
novembar

Desember
....
decembar

bentuk

oblici

lingkaran
....
krug

persegi
....
kvadrat

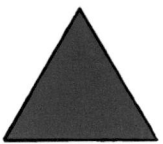

persegi panjang
....
pravougao

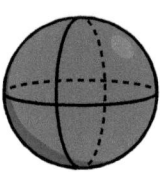

segi tiga
....
trougao

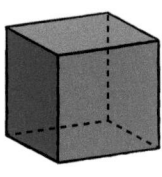

bola
....
kugla

kubus
....
kocka

putih
....
bela

kuning
....
žuta

oranye
....
narandžasta

pink
....
ružičasta

merah
....
crvena

ungu
....
ljubičasta

biru
....
plava

hijau
....
zelena

coklat
....
smeđa

abu-abu
....
siva

hitam
....
crna

banyak / sedikit

mnogo / malo

marah / tenang

ljutito / mirno

cantik / jelek

lepo / ružno

mulaih / selesai

početak / kraj

besar / kecil

veliko / maleno

terang / gelap

svetlo / tamno

saudara laki-laki / saudara perempuan

brat / sestra

bersih / kotor

čisto / prljavo

lengkap / tidak lengkap

potpuno / nepotpuno

hari / malam

dan / noć

mati / hidup

mrtvo / živo

luas / sempit

široko / usko

dapat dimakan / tidak dapat
dimakan
....
jestivo / nejestivo

jahat / baik
....
zlo / dobro

bersemangat / bosan
....
uzbuđeno / dosadno

gemuk / kurus
....
debelo / mršavo

pertama / terakhir
....
na početku / na kraju

teman / musuh
....
prijatelj / neprijatelj

penuh / kosong
....
puno / prazno

keras / lembut
....
tvrdo / mekano

berat / enteng
....
teško / lagano

lapar / haus
....
glad / žeđ

sakit / sehat
....
bolesno / zdravo

ilegal / legal
....
ilegalno / legalno

cerdas / bodoh
....
pametno / glupo

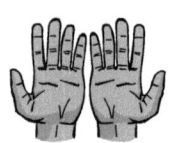

kiri / kanan
....
levo / desno

dekat / jauh
....
blizu / daleko

baru / bekas
novo / polovno

tidak ada apapun / sesuatu
ništa / nešto

tua / muda
staro / mlado

nyala / mati
uključeno / isključeno

buka / tutup
otvoreno / zatvoreno

tenang / keras
tiho / glasno

kaya / miskin
bogato / siromašno

benar / salah
tačno / pogrešno

kasar / halus
hrapavo / glatko

sedih / gembira
tužno / sretno

pendek / panjang
kratko / dugo

pelan-pelan / cepat
polako / brzo

basah / kering
mokro / suho

hangat / sejuk
toplo / hladno

perang / damai
rat / mir

angka-angka
brojevi

0

nol

nula

1

satu

jedan

2

dua

dva

3

tiga

tri

4

empat

četiri

5

lima

pet

6

enam

šest

7

tujuh

sedam

8

delapan

osam

9

sembilan

devet

10

sepuluh

deset

11

sebelas

jedanaest

12

duabelas

dvanaest

13

tigabelas

trinaest

14

empatbelas

četrnaest

15

limabelas

petnaest

16

enambelas

šestnaest

17

tujuhbelas

sedamnaest

18

delapanbelas

osamnaest

19

sembilanbelas

devetnaest

20

duapuluh

dvadeset

100

seratus

stotinu

1.000

seribu

hiljadu

1.000.000

juta

milion

Inggris

engleski

bahasa Inggris Amerika

američki engleski

bahasa Cina Mandarin

mandarinski kineski

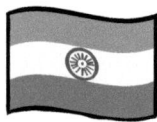

bahasa Hindi

hindski

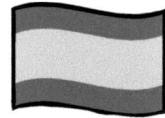

bahasa Spanyol

španski

bahasa Perancis

francuski

bahasa Arab

arapski

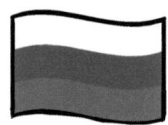

bahasa Rusia

ruski

bahasa Portugis

portugalski

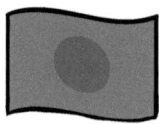

bahasa Bengal

bengalski

bahasa Jerman

nemački

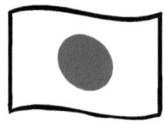

bahasa Jepang

japanski

saya

ja

kamu

ti

dia

on / ona / ono

kita

mi

kalian

vi

mereka

oni

siapa?

Ko?

apa?

Šta?

begaimana?

Kako?

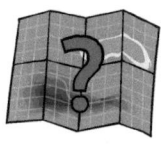

dimana?

Gde?

kapan?

Kada?

nama

ime

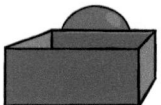

dibelakang

iza

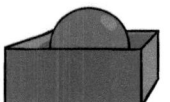

di

u

didepan

ispred

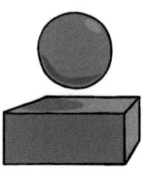

diatas

preko

diatas

na

dibawah

ispod

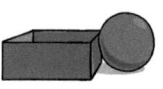

sebelah

pored

di antara

između

tempat

mesto